오늘의문학 시인선
406

바람이 속삭인다. 너를 사랑한다고

연 지 성 시집

오늘의문학사

국립중앙도서관 출판시도서목록(CIP)

바람이 속삭인다. 너를 사랑한다고 : 연지성 시집 / 지은이:
연지성. -- 대전 : 오늘의문학사, 2017
p. ; cm. -- (오늘의문학 시인선 ; 406)

ISBN 978-89-5669-878-6 03810 : ₩12000

한국 현대시[韓國現代詩]

811.7-KDC6
895.715-DDC23 CIP2017034300

바람이 속삭인다.
너를 사랑한다고

■ 서문

인생의 회전목마…

인생의 회전목마…

돌고 도는 것이 인생이라고 했던가. 내 인생의 회전목마는 나만 바라보는 누군가를 위하여 즐거워하면서 손을 흔들어 주고 있었을까? 혹여나 떨어질까 봐 두려워하고 있었을까? 밖에서 나를 바라보고 있어도 혼자 타는 외로움에 무표정일까? 아니면 다음은 무얼 탈까하고 행복한 고민에 빠져 신나 했을까? 꼬집어 말은 할 수 없지만 이 모두가 해당되는 이유는 나의 1분 1초가 단 한 번도 같은 순간이 없었고 밖의 누군가는 부모님, 연인, 내 분신들 그리고 아무도 없던가…. 그러나 이 모든 건 중요치 않다. 어차피 목마는 혼자 타는 것이고, 분홍색을 타든지 높이 올라간 것을 타든지 누구를 탓할 것 없이 매 순간 선택이라는 기로에 서서 옳고 그름은 결과에 따라 다른 목마로 갈아타거나 처음 녀석으로 계속 타고 가면 되는 것이다.

난 이제 갈아타려 한다. 어떤 색깔, 어떤 높이로 탈 건지 조금씩 알아보고 절대 성급하지 않으려 조심스럽게 관찰하며 알아가고 있다. 왜? 더 이상 실수는 용납할 수 없는 나이가 되었기 때문에.

■ 서문 —— 4

제1부 봄

그대라는 이름의… —— 11
봄이 오는 소리 —— 12
바람이 속삭인다… —— 13
너도 내가 보고 싶니? — 14
너라서 행복해 —— 15
잠깐만 시간… —— 16
당신은 귀한… —— 17
좋은 아침입니다 —— 18
시작은 설렘부터 —— 19
늦은 밤 그대 그리며 — 20
사랑은 —— 21
배달 왔습니다 —— 22
당신은 누구십니까? — 23
그대 만나러 갑니다 — 24
사랑이 茶라면 —— 25
아르페지오 —— 26
단 하나의 촛불이 되어 27
꽃잎 한 장의 의미 —— 28
17년 만의 외출 —— 29
오늘이 마지막인… —— 30
웃음꽃 —— 31
바람을 본다 —— 32
비 오는 날이면… —— 33
사랑할거라면… —— 34
베란다에 걸친… —— 35
오늘 뭘 하지 —— 36
목련 —— 37
돌담 위에서 —— 38
보고 싶은 아버지 —— 39
하늘 위는… —— 40
다시 사랑하려 한다 — 41
새벽 기도 나오는 길에서 - 42

제2부 여름

삶의 이유 ——— 45
당신도 이 비를 보고… 46
달리고 또 달린다 ——— 47
나팔꽃이 피었습니다 – 48
사랑할 때가 아름다워 - 49
새벽의 인기척 ——— 50
존재의 이유 ——— 52
내 가슴에 작은… ——— 53
나는 그대의… ——— 54
당신을 사랑하는… ——— 55
창밖에 비가… ——— 56
사랑하게 하소서 ——— 57
관심은 사랑 ——— 58
나는 당신에게… ——— 59
그날… ——— 60
가끔 말이야 ——— 61
도시가 꽃이 되었다 ——— 62
가슴 ——— 63
너를 보내는 날 ——— 64
그대 위한 108배 ——— 65
당신에게 꽃으로… ——— 66
코스모스 ——— 67
부탁이 있어 ——— 68
선택 ——— 69
이런 날 ——— 70
비가 내립니다 ——— 71
기도 가는 길 ——— 72
간직한 사랑 ——— 73
아버지 생각 ——— 74
당신 가슴에 꽃씨 하나 - 75
꽃향기에 취하다 ——— 76

제3부 가을

8월이 가고 ——— 79
석양에 그대를 묻고 ——— 80
지금 본 하늘은 맑았다 81
비행기 안에서 ——— 82
당신을 위한 기도 ——— 83
달려간다 ——— 84

사랑을 하는… — 85
당신을 꽃이라고… — 86
차 한 모금 — 87
행복한 9월 되세요 — 88
카페에서 — 89
그대와 나 — 90
그대가 있어 — 91
고백 1 — 92
고백 2 — 93
혹여나 그대인가 — 94
그리움의 꽃은 — 95
상처라는 녀석 — 96
비가 올 때면 — 97
나 외롭지 않으니 — 98
해답은 없었다 — 99
사랑 앞에선 강해지더라 100
정류장에서 — 101
마음이 추워도 웃자 — 102
친정 엄마 없으면… — 103
집으로 돌아가는 길 — 104
가을을 기다리며 — 105
들꽃으로 다시… — 106
진흙 속의 너는 — 107
파도에게 — 108
막걸리 한 잔 — 109
헤이리의 밤 — 110

제4부 겨울

음악이 나를… — 113
너는 혼자가 아니었다 114
막연한 착각 — 115
그대가 남기고 간 자리 116
그냥 그렇게… — 117
그대 떠나시고 — 118
사랑은 마음이다 — 119
사랑했었다 — 120
사랑은 마음이야 — 121
이렇게 눈물 나는… — 122
사랑은 슬프다 — 123
사무친다는 말 — 124
찻집 — 125
엘리베이터 — 126
술 한 잔 — 127
마음이 아프다 — 128

미련 —— 129
기다릴 수 있다는 것은 130
이젠 아무도… —— 131
나는 너에게 —— 132
가슴 —— 133
눈물 —— 134
인정 —— 135
귀가 —— 136
다시 돌아온 그곳은… 137
잘 살아라 이놈아 —— 138
살아갈 날의 무게 —— 139
이십 년이 지나도 —— 140
석양을 그리며 —— 141
세상이 비로… —— 142
어제의 허물을 벗고 – 143
아버지 —— 144
아마데우스를 그리며 145
미안하다는 말… —— 146
향기 —— 147
황태 —— 148
후회 —— 149
흔적들 —— 150
목소리 —— 151
사색 —— 152
조금씩 멀어져 간다 – 153
새벽을 걸으며 —— 154
진해의 겨울은… —— 155
나의 사랑… —— 156
시작을 해볼까? —— 157
당신을 찾는다 —— 158

■ 마치며 —— 159

연 · 지 · 성 · 시 · 집

바람이 속삭인다 · 너를 사랑한다고

봄

그대라는 이름의 별이 내려왔다

내 안에 별이 내려와
빛을 밝힌다

가로등조차 없던
그곳이 밝아졌다

길 잃은 아이가
어미 품에 안긴 것처럼

따뜻하고 포근한
별빛 안에 서 있다

당신 품에 영원히
깨기 싫은 나를 보듯

처음 만난 사랑이
무언지 이제 눈 뜬 그날

별이 내려와
사랑을 심었다

봄이 오는 소리

소리 들리니?
풀들이 노래하는 소리 말이야
맨날 보는 건물에
매일 가는 사무실에
매일 앉는 의자에서는
널 볼 수도 들을 수도 없지만
지금 내 앞에
나를 바라보며 웃는
초록의 환한 미소는
가슴 두근거리게 해

바람이 속삭인다. 너를 사랑한다고

바람이 속삭인다
너를 사랑한다고

나무가 속삭인다
너를 사랑한다고

바다가 속삭인다
너를 사랑한다고

하늘이 속삭인다
너를 사랑한다고

내가 속삭인다
너를 사랑한다고

너도 내가 보고 싶니?

보고 싶다는 말이
이렇게 절실할 줄은 몰랐어
사랑이라는 말이
이렇게 간절한 줄은 몰랐어
그립다는 말이
이렇게 애절한 줄은 몰랐어
떨어지는 빗줄기의 방울방울이
두근거리는 내 심장 박동을
대신하는 듯
내 온몸을 스치며 땅으로 떨어지고
지난 추억은 잊으라는 듯
발자국도 빗물에 사라진다

너라서 행복해

사랑하는 사람이 너라서 행복해
사랑받고 있는 사람이 너라서 행복해
지금 이 순간에 생각하는 사람이
너라서 행복해
널 사랑할 수 있어서 행복해

잠깐만 시간 내 주실래요?

잠깐만 시간 내 주실래요?
보고 싶어서 들렀는데
창문 너머로 당신 얼굴이 보이지 않아
까치발로 토끼처럼 깡충깡충 뛰며
두리번거리고 있어요
나오시면
당신 입술에 살짝 입맞춤만 하고 갈게요
나와 주실 거죠?

당신은 귀한 존재입니다

꽃이 아름다운 것은
아무리 작아도 눈에 들어오고 ♡
멀리 있어도 향기가 나를 이끌고 ♡
옆에 있어주는 것만으로도 편안하고 ♡
울적할 때 보고 있노라면 기분 좋아지고 ♡
아무 말하지 않아도 존재가 느껴지는 ♡
당신은 꽃과 같은 존재입니다.

좋은 아침입니다

벚꽃 잎이 고와서
내 몸을 병풍 삼아
꽃잎 한 장 한 장에
사랑도 담고
마음도 담고
기쁨도 담고
즐거움도 담고
행복도 담아서
하트를 만들고 보니
땅 위에서도 눈에 띄게 예쁘네요
그래서 사랑은 어디에 있어도
빛이 나는 가 봅니다

시작은 설렘부터

봄 꽃향기처럼 만나
여름 연휴처럼 사랑 나누고
가을 단풍처럼 마음 주며
겨울 눈처럼 덮어주는 사람이 있을까?

사랑을 할 수 있음에 감사하고
질투를 할 수 있음에 고마워하며
그리워할 수 있음에 행복한 사람이 있을까?

밥을 먹으면서도 그 사람은 잘 먹고 있는지
잠은 잘 자고 찬바람에 감기는 들지 않는지
좋은 것만 보면 함께 하고 싶다는 생각에
잠 못 드는 사람이 있을까?

늦은 밤 그대 그리며

파란 눈동자를 수놓은 밤하늘이
세상을 잠재우려 바다 저 편
피리 부는 소년의 자장가처럼
살랑살랑 불어와 내 눈을 감기게 한다
피아노 치는 여인의 향기는
아름다운 선율에 묻히고
포도주의 짙고 붉은 물결이
입술을 물들여 익어가는 세월의 흔적을 남긴다
나의 시간과 자취는
어느 누군가가 아닌 나만의 기억으로 남아
바다를 바라보며
한줄기 눈물로 대신하며 고운 밤 지새운다

사랑은

생각할 수 없는 곳에서
피어오른다.
바로 당신의 마음속에

배달 왔습니다

추억이라는 상자에
사랑이라는 축복과
설렘이라는 기쁨의
당신이라는 선물이
저에게 배달되어 왔습니다
고마운 당신은 저에게
영원한 선물이랍니다

당신은 누구십니까?

바람처럼 나타나
내 마음 물들인 당신은 누구십니까?
매화 향기가 꿀벌을 유혹하듯
내 마음 가져간 당신은 누구십니까?
봄 햇살이 따스함에 눈 녹듯
내 마음에 빛을 주신 당신은 누구십니까?
겨울 잠자던 개구리가 깨어나듯
내 마음에 사랑이 무언지 알려 준
당신은 누구십니까?
양파의 껍질처럼
내 마음 당신으로 가득 채워
벗겨도, 벗겨도 한 사람만 보이게 한
당신은 누구십니까?

그대 만나러 갑니다

바람 버스 타고
그대 만나러 갑니다

이 산 저 산
강 건너 바다 건너

일하시는 그대 모습
사랑스러워

다시 바람 버스 타고
돌아갑니다

사랑이 茶라면

예쁜 잔에 담긴 차를 보노라면
김이 모락모락 올라오는 것만 보아도
얼어붙은 몸이 녹아내리고
두 손으로 잔을 감싸 안으면
내 안의 모든 것들이 잠들어 버립니다

사랑이 차라면…

유자차처럼 달콤하고
모과차처럼 따스하며
국화차처럼 향기롭고
연꽃차처럼 마음을
편하게 해주는 사랑이 그립습니다

아르페지오

떨어지는 빗소리에
밖을 보니 비 맞는
한 여인이 서 있다

축 늘어진 머리카락
가려진 얼굴에
떨어지는 물방울

불빛을 밝히는
전봇대처럼 가만히
고개를 숙이고 있다

산티아고의 언덕을
힘겹게 올라가는
아르페지오

숨이 턱 막힐 정도로
차고 오르는
목구멍의 조임

너를 보기위해 달려가는
아르페지오

단 하나의 촛불이 되어

오직 당신만을 위해
세상을 밝혀 줄
단 하나의 촛불이 되어
어떤 바람에도
흔들리거나
꺼지지 않는
굳은 믿음으로
사랑이라는 촛대 위에서
영원히 밝게 비추고 싶다

꽃잎 한 장의 의미

탐스럽던 장미 한 송이가
꽃잎 한 장 남겨 놓았습니다
저마다 존재의 이유가 있듯
다른 꽃잎들에게 가려져 느끼지 못한 세상을
이제야 바라보는 여유로움은
바람에도 흔들리지 않는 굳은 심지가
조금 더 남아 있겠다는 의지를 보여 줍니다
요 귀여운 녀석을 보며
남몰래 응원합니다
담에 또 보자고 말이죠

17년 만의 외출

17년 만에 다시 그곳으로 가고 있다
어제의 나보다 더 행복하고 싶은 나를 위해
어떠한 간섭도
어떠한 제제도
올가미처럼 조이던 관심도
다 끊어버리고 비행기에 몸을 실었다
저 구름 위로 잠드는 태양의 애교 섞인 미소 속에
나는 새로운 세상을 보는 듯 그동안의 껍질은
저물어가는 노을빛으로 동색하게 만들어
내가 하늘인지 하늘이 나인지 알 수 없게
과거의 존재는 그렇게 사라지고
못다 잔 잠이라도 푹 자라고
구름은 태양을 가리고
세차게 밀려오는 파도는 무뚝뚝한 바위에게
구애라도 하는 듯
입 맞추고 도망갔다 다시 입 맞춘다

오늘이 마지막인 것처럼 사랑합니다

오늘이 마지막인 것처럼
당신을 사랑합니다

지금 제 마음은 내일 쏟을
사랑까지 모았답니다

오늘이 처음인 것처럼
당신을 만납니다

설렘에 쉴 새 없이 두근거리는
심장 때문이랍니다

웃음꽃

오래된 벽돌로 곱게 쌓은 담장 뒤에
무어 있나 살펴보니
진달래꽃이 옹기종기 모여
뭐가 그리도 즐거운지
활짝 피어 웃음 속 향기 가득하네

라면 상자 같은 사무실 안에서
시계추처럼 일하고 쉬고 일하고 쉬고
뿌연 창문 곁에 언제 왔는지
봄 향기가 나 좀 보라며 두드린다

웃을 일 없던 일과 속에
몰래 바라만 보아도
내 등에 날개가 솟아올라
노란 나비 되어 그들과 함께
담소 나누며 잠시 쉬어 본다

바람을 본다

봄을 안고 오는
너를 본다

꽃을 피우는
너를 본다

나비를 부르는
너를 본다

너를 바라보는
나를 본다

비 오는 날이면 화장하는 여자

비가 오는 날이면 당신을 만나기 위해 따스한 물로 샤워를 하고, 화장대에 앉아 곱게 화장을 합니다. 화사한 분홍 아이쉐도우로 약간의 볼 터치까지 하고는 당신이 좋아하시는 루즈로 입술을 마무리하고, 새로 산 빨간 하이힐을 신고 당신을 만나러 갑니다.

빗속에서 더욱 무덤덤해지는 무채색의 도시 위에는 오직 당신과 나만이 즐거워 보입니다. 비가 오는 오늘도 당신을 위해 화장을 합니다. 전화 통화하는 동안 힘 빠진 당신의 목소리를 듣고 더욱 화사하게 화장을 하고는 미용실에 가서 머리도 예쁘게 손질했답니다.

당신이 한번 웃어주실 때마다, 세상에서 제일 사랑을 많이 받는 여자가 되는 것 같아 비 오는 날이면 화장을 합니다. 오늘도 행복한 얼굴로 웃어주실 거죠?

사랑할 거라면 후회 없이 하자

차 문을 여는데
비바람의 거친 손길은
문짝을 날아가게 만들고
우산을 펴보지도 못하게 나를 휘감는다
사랑도 한 쪽이 너무 거칠게 나오면
같이 가든가?
아님 주저하겠지
잘못하면 우산이 바람에 날아가듯
사랑도 날아갈 테니
망설이는 시간에
사랑은 가고 있다
이래도 상처 저래도 상처받을 거라면
사랑하려 한다

베란다에 걸친 발끝으로 바람이 분다

새하얀 날갯짓하며 커다란 바다는
오늘도 누군가를 향해 말을 건다

내가 보는 것이 너의 날개라면
눈은 어디에 있고
가슴은 어디에 있을까?

넘실거리는 물결 속의 너를 만지고 싶다

바라만 보다 한눈에 다 넣지 못하는
넓은 품 안은
차갑지만 안기면 안길수록
고요하면서 따스하겠지

아마 저 물결은 너의 솜털이
바람에 살랑이는 것일지도 모르겠구나

오늘 뭘 하지

사랑하기 좋은 날엔
사랑만 하자

커피 마시기 좋은 날엔
카페에 가자

혼자 걷기 좋은 날엔
낙엽을 밟자

바람 맞기 좋은 날엔
바다에 가자

당신이 보고 싶은 날엔
무얼 하지?

목련

봄이 되면 어김없이 피는 꽃이 있습니다
작지도 않은 것이
많이 피지도 않는 것이
보기만 해도 아줌마가 아닌
수녀가 된 듯 착각을 일으킵니다
봄만 되면 목련이 피기를 기다립니다
목련을 보면 생각나는 사람이 있기 때문입니다
바로 나의 어머니

화려해 보이지만
알고 보면 목련 같은 분이시기에
멀리 계셔 볼 수는 없지만
목련이 어머니를 대신합니다
서울 계시는 어머니를 대신하는 걸 아는지
목련은 북쪽을 향해
머리를 돌리고
옆에 피어있는 괭이밥이
자기도 예뻐해 달라고
모가지를 쑥 빼며 애교를 부립니다

돌담 위에서

담 장 앞에 길게 늘어선 꽃들
키재기하듯 기웃거리고
내 님은 언제 오실까
밤이 되도 잠 못 이루네

새벽닭이 울고
달빛이 나를 비추어도
활짝 핀 고운 얼굴로
그리운 님 맞이하려 기다리네

이 몸 시들기 전에
그림자라도 보고픈 마음으로
항상 건강하시길 기도드리며
오늘도 꽃단장하고 그 자리에 서 있네

보고 싶은 아버지

노란 물결이 한들거리는
들판의 손짓들 속에
저 먼 곳을 바라보며
서서히 감기는 눈꺼풀

바람 결 속에서
익숙한 향기가 나를 감싸고
어느 샌가 두 눈에는
반가움에 흐르는 눈물

볼 수도 만질 수도 없는
아버지의 흔적이
입가의 미소로 번지고
기쁨의 심장박동 수

나는 안부를 묻는다
'잘 계셨어요?
많이 보고 싶었어요.
제 꿈에 꼭 한번은 들러주세요.'

하늘 위는 평화로움이 가득하다

정돈된 듯 구름의 끝을 보며
더 큰 기대를 하게 되고
희망이라는
인생 최고의 전환이 될 만한
그 무언가가 있을 거라는
동화적인 발상을 하늘만 보면 한다
도라에몽의 도구가 있다면
꼭 구름 위를 걷고
누워도 보고
새 아침을 밝히는 저 주황빛 물결에서
수영도 하고 싶은 상상은
확실히 내가 바보라는 증거겠지
하늘도 좋고 바다도 좋은 것은
넓고 넓어 모든 걸 감싸 않으며
비바람과 강풍이 지나가도
우아한 그 자태는 여전하며
세상에 없어서는 안 될 존재이기에
그래서 바보 같은 나는
아름다운 그들을 동경하며
가슴 안으로 모든 것을 안고 가려 한다

다시 사랑하려 한다

너를 가슴에 품어 뜨겁게 사랑하려 한다
입가에서 달콤한 복숭아 향기가 나던 그 날
무엇이 그리도 좋은지 자면서 미소를 짓다가
웃으며 자는 얼굴을 보며
나의 어깨를 누르던 삶의 무게가 솜사탕처럼 가벼워
매일 밤 자는 너의 모습을 보느라고 밤을 새웠지
세상에서 가장 행복한 소리가 있다면
아마도 네가 웃는 소리이겠지
앞으로 많이 사랑하자
많이 웃게 해 줄게
그리고 같이 배꼽 빠지게 웃어보자
너만 웃는다면 뭐든 할 수 있단다

새벽 기도 나오는 길에서

저 하늘을 봐
고개를 좀 들어 봐
어둠이 걷히면서
달콤한 사탕 같은 서광이 밀려오고 있어
앞으로 이 달달함을 맘껏 느끼게 될 거야
춥다고 껴입은 옷도 벗어버려
가슴 펴고 발걸음도 가볍게
눈앞의 땅이 아닌
저 멀리 있는 앞을 봐
네가 가야 할 길이야
혼자 가더라도
넌 혼자가 아니야
내가 있으니까

연 · 지 · 성 · 시 · 집

바람이 속삭인다 · 너를 사랑한다고

삶의 이유

눈을 뜨면
세상의 숨 쉬는 모든 것들이
너로 보여
매일 설레는 것도
심장이 두근거리는 것도
내가 살아 숨 쉬는 것도
모두 너 때문이야

당신도 이 비를 보고 계실까?

당신도 이 비를 보고 계실까?
나처럼 당신도 날 생각할까?
보고 싶고
만지고 싶고
안고 싶은 마음도 같을까?
머리로는 이해해도
마음은 너무나 그리운 걸 알까?

달리고 또 달린다

저 멀리 서 있는 너를 향해
달리고 또 달린다
내 사랑이 버림받을까 봐
달리고 또 달린다
비겁하게 떠나는 대신 널 택했거든
달리고 또 달린다
너의 향기 바람에 흩날리기 전에
달리고 또 달린다
너와 내가 손을 잡고
달리고 또 달린다
우리의 사랑으로 세상을 물들이려

나팔꽃이 피었습니다

출근길의 발걸음
내 몸이 내 몸 아닌 지 오래다

하늘 한 번 보고
시들어진 담벼락 장미 한 번 보고

골목길 무성한 주차장
보라색 나팔꽃이 피었다

어릴 적 나팔 소리 나는 줄 알고
한참 쳐다보곤 했던 기억들

지나갈 때마다 도도한
너 때문에 웃어본다

사랑할 때가 아름다워

아름답다는 건
네가 나를 사랑할 때
가장 빛이 나

아름답다는 건
서로 아픈 상처를 안아줄 때
가장 따뜻해

아름답다는 건
지금 내 가슴에 네가 있을 때
가장 행복해

새벽의 인기척

모두가 잠든 새벽
하얀 새 두 마리가
종이학처럼 가만히
바라보는 산등성이

배고픔도 잊은 걸까
누군가 그리운 걸까
인기척 내니
하늘로 날아가 버렸다

떠나간 자리에
나를 원망하듯
선명한 발자국을
증표로 놓고 간 사랑

눈치 없는 방청객
미안함에
잘해 주지 못함에
이삭 몇 알

그 자리에 살짝
기다림도 먹어가며
꼭 만나라고 기도한다
나처럼 아프지 말라고

존재의 이유

내 심장 뛰는 건 너 때문이야
나를 웃게 하고
나를 행복하게 하고
나에게 힘을 주는 너
너를 가슴 깊이 꼭 안고서
너와 내가 하나 되어
언제까지나 함께 하고 싶구나
사랑해

내 가슴에 작은 심장 하나

너는 오늘도 내일도 모레도
이 사랑의 의미를 모르겠지
그래도 괜찮아
내가 너를 사랑하니까

나는 그대의 별이 되고 싶다

잠자는 그대 곁을
밤새우며 지켜 주고 싶고
피곤에 뒤척이면
살며시 다가가 이불을 덮어 주고 싶고
오늘 밤 내 품에서
내 심장 소리 들으며 곤히 주무시라고
고운 별빛으로 안대를 해 주고 싶고
새로운 내일을 힘차게 보내길 바라는
그대만 비추는 별이 되고 싶다

당신을 사랑하는 빛이 됩니다

당신은 보았나요
해가 떠오르는 것을
파란 바다에 붉은 해가
떠오르면 물결 위에
춤추는 파도들을

내가 그래요
당신을 만날 때
핏기 없던 얼굴에
화색이 돌죠. 당신을 보면

죽은 눈빛에 생기가 돌고
아주 아름답게 빛나는
별처럼 당신을
사랑하는 빛이 됩니다

창밖에 비가 많이 오네요

오늘 따라
정다운 친구가 그리운 날이라
따스한 곳에서 차 한 잔에
정을 담아 봅니다
언제나 보아도 편안한 친구
자주 만나지 못해도 정겨운 친구
기쁠 때 맘껏 기뻐해 주고
힘들 때 진심으로 위로해 주는 친구
마른 땅에 내리는 비처럼 반가운 친구
당신이 있어 행복합니다

사랑하게 하소서

사랑하게 하소서
외로움에 몸부림치던
지난 추억은
그대 만나기 위한 준비라고
사랑하면서도
외로워했던 그 시간들
보고픔에 흘린 눈물까지도
사랑하게 하소서
오직 당신만을
그리워했던 그 시간들이
세월에 수를 놓으며
융단처럼 깔려 서로 아끼며
사랑하게 하소서

관심은 사랑

저 푸르른 길이 맘에 들어 걸어 봅니다
선선하게 불어오는 바람
수줍게 흔들리는 나뭇잎들
그 사이를 걸어가는 나
이 모든 것이 사랑이고 관심이겠죠

사람도 마찬가지라고 봅니다
누군가를 사랑하면 일거수일투족이 다 눈에 들어와
매일 무얼 하는지. 아프지는 않는지
만났을 때 무얼 입고 헤어는 뭐가 달라졌는지
얼굴 속에 오늘 즐거운지 피곤한지

그러나 세상사는 게 만만치 않아
이런 사랑도 사치처럼 느껴지지만
받지 못하면 어때요?

제가 드리면 되지

나는 당신에게 한 통의 편지가 되고 싶다

받아보는 설렘
열기 전의 두근거림
꺼내는 순간의 떨림
서두를 읽으며 느낄 기쁨
다 읽은 후의 깊은 여운

편지지를 보는 내내
당신의 손을 통해 전해지는 체온을
그대로 느끼고 싶은 것도
사랑이겠죠

나는 그런 당신에게 한 통의
편지가 되고 싶다

영원히 잊히지 않을 글귀가 되어
기억되고 싶다

그날…

아무도 몰랐습니다.
아무것도 없었습니다
아무런 말도 없었습니다
오직
당신의 눈 빛
그날 이후로…
당신을 만나지 못하고서야 알았습니다.
내가 당신을 사랑하게 된 것을…

가끔 말이야

아무 말 안 하고 있는 저 갈매기의
옆에서 묵묵히 기다려 주는 친구가 그리워

조용히 지켜보니까
고독을 즐기던 새는 친구한테 가더니
같이 날아가더라고

기다려 주면 언제고 같이 가는데
요즘은 너무 급한 것 같아
말하자마자 답하고 행동해야 하고

친구는 말이야
자기가 앞서가기보다
같이 발맞춰 가는 게 진짜 친구 아닐까?

도시가 꽃이 되었다

하늘이 뿌옇다
한강도 뿌옇다

누구에게 주려고
세상을 뒤덮었을까?

커다란 안개꽃으로
서울은 아침을 연다

너에게 주려고
밤새 심었나 보다

가슴

아무리 가슴을 쳐 보아도
속이 갑갑한 건 나아지지 않고
화가 치밀어 올라
얼씨구 지화자 하며
춤을 춰 보아도
슬픔만 밀어 올 뿐
조금도 변하는 것은 없었다
다만 지켜보는 이들은
미친 말이 날뛰는 것이라 보고
바라만 볼 뿐
흘러내리는 눈물은 뼈 속 깊이 파고든
아픔이오
입에서 나온 비명은 펄떡이는 심장의
살고 싶은 소망이오
가슴을 손으로 내리치는 것은
참고 참은 인내가 다한 것이오
그리고는 고요가 나를 잠재운다

너를 보내는 날

거칠게 밀려오는 파도가
무섭지도 두렵지도 않은
어머니의 품처럼 포근하고 평안하다

옷이 다 젖는지도 모르고
모래사장에 서서
수평선을 바라보며
저 바다의 품에 나를 보내고
그리워했던 모든 이를 보냈다

오늘까지 흘린 눈물은
새로움을 알리는
시작

나를 잡아 준 당신이 있어 고맙고
사랑한다 말하고 싶다

그대 위한 108배

새벽의 따스한 이불은
그대 가슴처럼 벗어나기 힘든 유혹
더 크고 넓은 내일을 위해
나는 마녀의 달콤한 터널을 나온다

오직 그대 위한 108배
조금씩 저려오는 허벅지의 고통은
애절함과 간곡함으로 나는 계속 일어난다

24시간이 지났지만
제대로 걷기 힘든 몸뚱이는
사랑하는 이를 위해 이것 밖에 하지 못함에
맘 아파도 아프지 못하는 오뚝이 인형 같다

한 번의 기도 속에
사랑하는 마음
건강하길 바라는 마음
하는 일 이루어지길 바라는 마음이
하나 되어 부처님께 내 생명 다 바쳐 기도드린다

당신에게 꽃으로 남고 싶을 뿐입니다

보고픔에 마르고 말라
저 푸르른 바다의 품에 안긴 여인의 심정과
묵언 수행을 하는 듯 말 없는 사랑에
부처님께 기도하는 보살님의 간절함이
얼마나 큰 사랑을 하며 인내하는지 알았습니다
나는 당신의 촛불이 되어
내 한 몸 그대의 긴 여정의 빛을 밝히며
서서히 녹고 녹아
세상에서 조금씩 사라지는 마지막까지
스스로 피와 살을 깎아내며
기도하고 또 기도드립니다
저 봄날의 꽃향기에 지나가던 길 멈추고
고개 돌려 다가가 향기에 취하여
돌아오는 길에도
지금 이 순간에도
바라보았던 눈과
향기 맡았던 코와
가슴 떨리는 마음처럼
긴 여운이 자리 잡은
당신에게 꽃으로 남고 싶을 뿐입니다.
영원히 잊혀지지 않을 사랑으로…

코스모스

발길 닿는 대로 걷다 보니
코스모스 한들거리며 하늘 향해
방긋 웃는 모습에
나도 따라 하늘 보며 웃어 보네
비 갠 세상은 까무잡잡한 아이처럼
어둡지만 엄마의 마음같이
보드라운 바람 불어와
두 팔 벌려 내 몸을 바람결에 실어
그대 계신 그곳으로 날아가려 하네
코스모스여
너도 나와 같이 가지 않으련?
저 산 너머 우리가 보지 못한
그곳으로 두 손 꼭 잡고 훨훨 날아가자

부탁이 있어

밀려오는 저 바다처럼
나한테 다가와 줄래?
세상이 나와 마주하며 힘겨루길 할 때
멀리 가지 말고 곁에 있어 줄래?
외롭다 쓸쓸하다 노래 부를 때
건성이 아닌 진심으로 친구 되어 줄래?
내가 다가간다고 보고 싶어 한다고
당연한 듯 무심한 듯 아무렇지 않은 듯 말아줄래?
사랑도 우정도
상대의 마음이 크다고 막 해도 되는
영혼은 없어

선택

지하철은 신나게 달린다
나도 목적지를 위해 함께 한다
앞을 보고 달리는 건 너와 내가 같다
발밑으로 올라오는 진동들이 고스란히
내 몸으로 전해지고
빨리 달렸다 서서히 줄여 섰다가 다시
그리고 갈림길
앞만 보고 가느냐
다른 선으로 갈아타고 가느냐
모든 건 선택
빨리 가느냐
조금 늦게 편히 가느냐
그것도 선택
나는 오늘 조금 편히 가는 걸 택했다

이런 날

오늘같이 아름다운 날은
네 손 꼭 잡고
어느 공원의 무성히 자란
풀숲 사이 길을 걷고 싶다

어쩌다 부딪힌 어깨너머로
방금 뿌린 것 같은 향수 냄새는
오감을 자극하기 충분하고
한 번 더 바라보게 만든다

오늘같이 사랑하기 좋은 날은
아침 인사 핑계로 전화를 하고
조금은 어리광 부리다
보고 싶어 연락했다 말하고 싶다

어쩌다 어쩌다
살기 바빠 연락은 못했지만
하늘에 구름이 함께 하듯
마음은 너와 함께였다는 알까?

비가 내립니다

혼자서 걸어가는 길목마다 조용히 물기에 젖어
발걸음조차 들리지 않습니다

떨어지는 빗방울이 내 어깨를
어루만지듯 조금씩 물들이고

걸어가는 동안 오랜 친구를 만난 것처럼
편안한 마음으로 앞으로 갑니다

따스한 손길이
내 머리를 어루만지고

매 마른 입술에 당신 입술이 다가와
촉촉해지듯 물기가 스며듭니다

당신도 이 비를 바라본다면
제 생각이 나고 있을까요?

지금 당신이 너무나도 그립습니다

기도 가는 길

맛있게 잘 익은 산딸기 위에
하얀 슈거파우더를 뿌린 것처럼
붉게 물든 단풍으로 산 위
짙은 안개가 끼어있다
물기를 살짝 머금은 도로는
잠이 덜 깬 아이처럼 조용히 눈을 뜨자
그 위를 달리는 자동차들은
어서 일어나라고
살며시 다가가 간지럼 태운다
길가의 가로수들은 서서히 떨어지는 낙엽 속에서
활활 타오르는 촛불이 되어
떠나가는 가을을 뒤 그림자를 환하게 비추고
나 또한 너를 보내며 작별을 고한다

간직한 사랑

그대를 사랑하기 시작하면서
나의 모든 것들을 다 버렸습니다
이제는 내 삶의 이유도 그대이고
하늘도 바다도 땅도 그대이기에
부모님께 받은 이 몸 하나 걸러내면
남아 있는 건 오직 그대 향한 사랑뿐
멀리 있어 홀로 사랑하여도
사랑할 수 있는 그날까지
오직 가슴에 품고 살겠습니다

아버지 생각

가끔 거울 속의 내가 예뻐 보이는 날 꼭 외출한다. 혼자 지하철을 타고 인사동 갤러리를 가서 벽에 걸린 그림 속에 또 하나의 나를 그려 넣으며 그 자리에 앉아 글을 쓴다.

집으로 오는 길 재래시장에서 장을 보다 호주머니 속 천 원 한 장, 뭐 사먹을까 두리번거린다. 포장마차 분식집 "컵 떡볶이 하나 주세요." 말랑말랑 밀떡, 쫀득쫀득 진한 국물 500원 남아 슈퍼에서 400원 아이스크림 그래도 100원 남네

아버지가 그래서, 이 동네를 좋아하셨구나. 반짝이는 강남보다 재래시장의 정이 있는 이곳을.

당신 가슴에 꽃씨 하나

당신 가슴에
꽃씨 하나 놓고 갑니다

사랑 할 수 있음에
감사하고

지금 내 앞에 있어
고맙고

아껴주는 배려에
행복합니다

떠나는 발걸음
천길 같이 멀지만

다시 만날 그 때
그대 안에 꽃이 피었길 바랍니다.

꽃향기에 취하다

걸어오는 길에
당신이 기다리고 계시면

지나온 길에
당신이 함께 하였다면
좋겠다

연 · 지 · 성 · 시 · 집

바람이 속삭인다 · 너를 사랑한다고

8월이 가고

가을의 춤사위가
나뭇잎을 흔들게 하고
무심히 떨어진 낙엽이
바람결에 뒹굴뒹굴
가람의 물결조차도
무슨 의미가 있어 보인다
길가의 작은 꽃도
고개를 갸웃갸웃 거리는
버들가지도
가을볕을 기다리는 듯
즐거움의 미소를 보낸다
가족이 있어 감사하고
친구가 있어 고마운
8월의 끝자락이
행복한 월요일이다

석양에 그대를 묻고

깊고 깊은 밤
가을바람 불어오고
빈자리 마주하며
술 한 잔에 하루를 지샌다

나뭇잎 물들고
낙엽 되어 떨어지기 전
그대 오시리라 믿으며
바라보는 석양

집으로 돌아가는
기러기 떼들의 군무
점점 붉게 물들며
살랑이는 황금 들녘

봄도 가을도
더 이상 의미 없는
무반주의 세레나데
그리고 나

지금 본 하늘은 맑았다

오늘따라 마음이 울적해진다
티 없이 맑은 하늘같은 마음보다는
구름도 있고 새도 날아다니면 좋겠다
아무도 없는 것보다 누군가 와 준다면
기분이 한결 나을 텐데
회사, 집, 회사 이렇게 오가는 하루
밀어닥치는 업무량에 지쳤을까?
저 하늘에 조각배 하나 띄워 놓으련다.
나처럼 슬픈 영혼 쉬어가라고

비행기 안에서

내가 아파서 혼자
아버지 위암이란 소식에 혼자
그리고
내가 살기 위해 혼자

비행기를 타고
나는 하염없이 울고 있다
마음이 아파서

당신을 위한 기도

긴 산길 끝에 자리 잡은
약사사로 향하는 발걸음 하나하나에
그대 향한 내 마음을 실어 걸어갑니다
대웅전에서 들려오는
스님의 청아한 불경소리 따라
새들도 함께 기도를 하듯 지저귀고
탑돌이를 하는 기도 속 간절함도
당신이 하는 일 잘되고
건강해지라는 바램
절 안에 울려 퍼지는 불경 속에 실어
부처님께 와 닿기 바라는

달려간다

도로 위
안개 낀 저 산 바라보며
바람에 헤드뱅하는 나무를 지나
바퀴에서 뿜어져 나오는 물보라를 따라
신나게 달려간다
머리 위엔 세상을 감싸 안을 것 같은 먹구름이
밤새 놀았는지 잠이 들어
집들도 지쳤는지 같이 잠든 거리에
새벽을 알리는 사람들만이
들판의 야생마처럼 달려간다

사랑을 하는 이 순간을 감사합니다

그대 앞에서는
작은 모래알처럼
한없이 작아져만 가는
여인이 있습니다

검푸른 밤하늘의 별이
환하게 세상을 비추듯
사랑 앞에선 가장 빛나는
한 여인이 있습니다

그대 손만 잡아도
보고픔에 떨리어
가슴 설레는
한 여인이 있습니다

그녀는
그대 있어 행복합니다

당신을 꽃이라고 부른 것이 나였습니다

한번 보았는데 향기에 도취되어 자꾸만 보고 싶어집니다. 한번 보았는데 자태가 아름다워 자꾸만 눈에 아른거립니다. 한번 보았는데 함께 했던 시간이 즐거워 다시 그 시간을 나누고 싶습니다. 한번 보았는데 너무나도 편안해 그 품에 다시 안기고 싶었습니다. 한번 보았는데 둘만의 대화에 빠져 배고픔도 잊어 만양 웃음이 나 생각이 납니다.

그래서 당신을 꽃이라 부릅니다.

차 한 모금

내 마음처럼 작고 귀여운 보온병 안에
그대의 마음처럼 사랑스러운 분홍 장미를 담아
새로운 아침을 꽃향기로 시작합니다.
한 모금 마실 때마다
입안에 감도는 향기에 눈 감으니
들판 위로 한들거리는 장미꽃들
한가운데 있는 듯합니다

행복한 9월 되세요

해도 뜨지 않은 아침을
조용히 즐기는
바람에 하늘거리는 벼들
박자를 맞추듯 낮게 날고 있는 새
그리고 새벽부터 나와 일하는 아낙네
9월의 시작은
어제와 변함이 없지만
논은 황금빛으로 땅을 물들이고
밥상이 넘쳐남에 흥겨워 춤추는 새들과
농사의 절정이 시작됨을 즐기는 농부
9월은
나의 얼굴에도
그대의 얼굴에도
미소가 시작되는 달
행복한 9월 되세요

카페에서

하늘을 보니까
나무가 보여

가지가지마다
초록빛 잎사귀들

나무를 보니까
하늘 닮은 강이 보여

물줄기가 바람처럼
하늘하늘 흔들려

파란 강을 보니까
네가 보여

웃는 입가에 진 미소
달달한 커피 같아

그대와 나

나는 바다를 바라보며 서 있습니다
당신은 바다를 바라보며 서 있습니다
장소나 시간은 달라도
우리는 수평선을 마주 보고 있습니다
밀려오는 파도에 조금씩 젖어오는
신발의 차가움이 같은 공간이라 말해 줍니다
파란 하늘을 마주하며 세상의 모든 것을
포용하며 안아주는 그곳에 함께 있었습니다
그래서 우리는 하나입니다

그대가 있어

외롭다는 건 말이지
홀로 날아가는 기러기 같아
무리와 함께 날아가야 하는데
혼자 길고 긴 여행을 하고 있으니까
어찌 보면 말이야
무리 속에서 더 외로웠는지도 몰라
같이 밥 먹고
같이 웃고
같이 움직여도
서로 이해하지 못한다면 정말 슬픈 일이거든
그래도
공감해 주는
그대가 있어
난 그나마 혼자가 아니라는 생각이 들어
고마워

고백 1

붉디붉은 장미의 꽃잎처럼
유리잔 가득 담긴 와인 한 잔
오직 한 사람만을 기다리고
인고의 시간을 넘기면서
처음엔 사랑인 줄 알았다
기다림이 그리움인 줄 알았다
끝없이 피어오르는 아지랑이 속에
그대와 나는 서로 같은 곳을 바라보는
동반자였다
사랑보다 더 진한 보고픔은
내가 너였고
네가 나였기 때문이었다

고백 2

사랑합니다

고맙습니다

미안합니다

정작 나에게

하지 못한 말들

혹여나 그대인가

살며시 다가온 작은 바람의 기척에
혹여나 그대인가 싶어 살며시 웃어봅니다

강가의 버들강아지 눈짓에도
혹여나 그대인가 싶어 반가워 인사합니다

벚꽃 만개한 오후에 내리는 빗방울 속에서
혹여나 그대인가 싶어 빗속을 걸어가 봅니다

달님도 별님도 자는 밤에 휴대폰 알림 소리로
혹여나 그대가 보낼까 싶어 까만 밤 지새웁니다

그리움의 꽃은

그리움의 꽃은
단조로움이다

복잡하게
얽히고 엮인

실타래 같은
우리의 인연들

알고 보면
너와 나일 뿐

상처라는 녀석

가끔은 상처라는 녀석이
나를 아프게도 슬프게도 하지만
나약한 마음을 강하게 만드는 불씨가 되어
앞으로 나가게도 합니다
때로는 예쁘게 자리 잡아
관심을 받기도 하지만
상처는 아물어 흉터로 남아
비가 오는 날이면
추억을 회상하며 바보 같은 그때를 떠올리며
쓴웃음을 짓게도 하고는
젖은 땅 아래로 숨는 재주도 있습니다
이젠 귀엽게 봐주려고 합니다
또 다른 내 모습이니까요

비가 올 때면

강아지풀 흔들거리며
흐르는 물줄기 따라
낙엽도 둥실둥실 떠가고
작은 분홍 우산 안
하늘은 물방울로 얼룩지고
당신이 그리워 말 못하는 마음
편지로 긁적이다가
떠나갈 시간은 다가오고
지나간 곳마다 상처
저 물줄기 청소부 되어
함께 흘러가고
아침 해가 뜨면
새로운 하늘과 말끔한 거리
그리고 뛰어다니는 아이들
이 시간은
어제라는 추억으로 지워집니다

나 외롭지 않으니

하얗게 쌓인 길상사
님의 자취가 남긴 곳곳마다
그리움이 새겨져
함께 거닐 던 길목에
우두커니 서서 그대 그리네

떠난 자리조차도
그대가 숨 쉬는 것 같아
차마 이 곳 떠나지 못하고
그리움의 시를 적는다

나의 가슴 안에 그대가 있는 한
영원히 우리는 함께 하리니
혹여나 나 홀로 남겼다 슬퍼 마오
나 외롭지 않으니

해답은 없었다

무언가 익숙함에
낯설지 않음은 무엇인가

그리움의 자락이
잊었던 기억을 되살리는 것인가

사무치게 그립던 이유가
바로 그대였기에
무작정 그리워만 하는 것인가

사랑이란 바로 이런 것인가
시간도 공간도 뛰어 넘는…

사랑 앞에선 강해지더라

밤새도록 전화를 들고
건너편에서 속삭이는
당신 목소리 들으며
오늘 하루의 때를 씻는다.

좋은 일만 있을 수 없는데
강한 모습만 보이고 싶었지만
속상해 흘리는 눈물이
마이크를 타고 흘러갔다.

당신이 택한 사람이
절대 나약하지 않다는 걸
꼭 보여줄 거야.

내가 얼마나 멋진 여자인지

정류장에서

하루 종일 바쁘게 일하고 오시느라 힘드셨죠
고생한 당신이 너무나 보고파
텅 빈 버스 정류장에서 기쁜 마음으로
기다리고 있어요

시장하실까봐 된장찌개 보글보글 끓이고
갈치도 구워 쌈 싸서 드시라고
앞마당에서 보들보들 상추랑 고추도 땄어요
참, 당신 잡곡밥 질리다 하셔서 엄니 안 계시길래
쌀밥도 해 놨는디 잘했죠?
당신 오면 예쁘게 보일라고
화장도 쪼매하고 이쁜 치마도 입고
멋져 보이려고 선구리도 했는디
몰라보고 고마 가뻬모 억수로 섭섭해요
그러니 단디 오시고
눈 크게 뜨고 내리소

마음이 추워도 웃자

아침의 가을햇살은 따사로운데
마음은 춥다
약간의 섭섭함에 별것도 아닌데
마음이 우울하다
가끔은 잘 보이고 싶고 예뻐 보이고 싶은데
부족한 부분이 드러나면
창피하고 부끄럽다
노력하고 또 노력해서
일어서야지 하면서도
또 다른 섭섭함 때문에
부족함이 더 크게 자리 잡는다
금방내린 커피의 맛도 오늘따라
무향무취
그래도 방긋 웃으며 다시 일한다

친정 엄마 없으면 무슨 재미로 사나

"우리 딸"하며 정답게 전화를 받아 주시고 끊을 때는 "우리 딸 사랑한다." 말해 주시는 우리 엄마. 무정한 남편 때문에 속이 숯 검댕이 되어 딸은 그렇게 살지 않길 바라셨지만 내 남편의 무정함에 가끔은 울며 엄마에게 전화한다.

"미쳤지, 엄마 말 들을 걸."

우리 아가 머리 빡빡 밀고오니 '대갈 장군'이라 놀리며 이제는 공주님에서 동자스님 되셨다고 박장대소해도 안 미운 우리 엄마. "아빠한테 일러바칠 거야. 엄마가 '대갈 장군'이라고 했다고 말해야지." 해도 콧방귀도 안 끼는 우리 엄마. 육아로 밥 굶는 딸내미가 애처로워 굶고 사나, 확인 전화하는 우리 엄마. 내가 투정 부려도 귀엽게 봐주시지만 한 번 삐지면 전화도 안 하시는 새침데기 우리 엄마.

친정 엄마가 안 계신다면 무슨 재미로 살까? 새로 산 긴 치마에 락스 묻혀서 볼 때마다 새것 사라고 하시지만 꿋꿋하게 입고 다니는 나. 그 덕분에 시 엄니, 남편 몰래 자장면 사 주시는 우리 엄마. 몰래 먹는 자장면의 맛은 환상이었네.

집으로 돌아가는 길

그리운 둥근 달은
반쪽 되어 야위고

빈틈없이 모여 있던
별들은 잠들었다

저 길 끝 붉은 신호등만
나를 위로하듯 빛나고

발바닥 아래서
밀려오는 고통 안고

아직도 멀리 있는
집을 향해 달린다

가을을 기다리며

물 위에 고이 잠든 소금쟁이 깰까
둥지 속 단잠 자는 아가 깰까

호빵 같이 따뜻한 둥근 해님이
그루터기에 쉬어가는 나그네의 발끝부터
세상을 밝히며 서서히 잠을 깨운다

가끔씩은 가을바람 치맛자락 날리며
그리운 님 소식에 뛰어가는 처녀같이
새벽의 빗소리는 오늘따라 즐거워 보인다

사랑하면 예뻐진다던 말처럼
단풍도 당신께서 보내신 사랑만큼
개인 후에 더 곱게 너나 할 것 없이 물들이겠지

그래서 나는 내일이 기다려진다
달라지는 가을이 보고 싶고
깊어만 가는 연인들의 사랑이야기 듣고 싶어서

바다 위에 비치는 너를 그리고 있다

들꽃으로 다시 태어나리

다시 태어난다면 들꽃이 되고 싶습니다
바다를 바라보며 파도와 이야기도 하고
저 멀리서 불어오는 바람과 세상 돌아가는 이야기도 듣고
무성하게 자란 잡초와 수다도 떨고
비가 오면 물을 마시고 양분으로 밥 먹으며
자유로이 살고 싶습니다
예쁘다고 온실 속에 자라며 갑갑하게 지낼 일도 없고
사랑하는 연인에게 바친다며 꺾일 필요도 없고
졸업식 날 축하한다며
줬다가 쓰레기통으로 직행할 일도 없고
아이들의 장난질에 아파할 일도 없으니 얼마나 좋아요
어린 왕자의 유리병 속 장미처럼
매일같이 어린 왕자의 손길을 필요로 하고
사랑 받지 않으면 버림받을 거라는 불안감보다는
차라리 어디든 피어날 수 있는
작고 귀여운 들꽃으로 살렵니다
땅을 사랑하고 내리는 비를 감사하며
같이 자라는 무성한 풀들을 가족 같이 여기며
도란도란하고 평안하게 사는
들꽃 같은 여자로 살고 싶습니다

진흙 속의 너는

새벽에 울리는 번개
밤의 여신을 야단이라도 치는지
일정한 간격으로 요란하게
소리친다
진흙 속에 숨어있는
좀 벌레들은 번개가 칠 때마다
세상 밖으로 뛰어오르고
다시는 진흙 속으로 돌아가지 못한다
연꽃은 세상의 빛이 되고
어둠의 빛이 되어
더러운 세상을 정화시키고자
반딧불이로 거듭나게 한다
나도 세상에 나가서 날갯짓하며 날고 싶다

진흙 속 캄캄한 어둠 속에서
어렴풋이 보이는 반딧불이의 불빛을 따라
조금씩 조금씩 세상으로 나오려 한다

파도에게

들리는가
파도의 소리가
태고 적부터 몰아치던 파도 속에는
너와 내가 함께 있었다
그때도 저 파도의 소리를 듣고 있었고
지금도 파도의 소리를 듣고 있다
인간의 본성이 아무리 변한들 변하지 않는 건
저 높은 하늘과 이 바다가 있다
하얀 물거품 속에서 과연 무엇을 담고 이렇게
육지로 밀려오는가
파도여
나에게 무슨 할 이야기가 있어서 거칠게 밀려오는가
오늘 너의 몸부림치는 물결 속에
내 마음을 담아 본다

막걸리 한 잔

무엇이 그리도 보고 싶었는지
맑은 하늘 검게 드리우고
세차게 내려오는 빗줄기
내 님도 보고 계시려나?
막걸리 한 병 사 들고
김치 전 한 입 먹고 한 잔
신났다고 뛰어노는 개구리 보고 한 잔
날개 짓 하며 기지개 펴는 소나무 보고 한 잔
멸치들이 발랑발랑 물결치는 바다 보고 한 잔
그리고
울 어머니랑 한 잔

헤이리의 밤

별이 빛나는 밤
북두칠성이 내려다보는
카페의 어느 골목길

불빛에 이끌려
들어간 곳에서
잠시 몸을 녹인다

뜨거운 허브티
그리고
마주한 또 한 잔

따뜻함과 포근함
그 차이의 벽은
그대와 나 사이

연 · 지 · 성 · 시 · 집

바람이 속삭인다 · 너를 사랑한다고

겨울

음악이 나를 유혹할 때

길을 걷다 발길을 멈추고
어깨 들썩이며 어느 재즈 바 앞에서
그루브를 타는 내 모습이 비치는 유리
한편의 영화를 찍는 착각에 빠져
당신과 사랑에 빠진 첫 설렘처럼
심장이 빠르게 뛰면서
입가에 미소 가득
피아노 선율에 엉덩이 흔들며 음악에
내 마음을 당신에게 다 준 것처럼
나를 맡기고는 보사노바에 춤춰본다

너는 혼자가 아니었다

푸르른 하늘에 날개 짓하는 새들과
노을처럼 붉게 물든 벚꽃나무의 잎사귀
구두 밑창으로 사각사각 들려오는 낙엽들 사이로
버버리 코트에 작은 인연이라도 만들려는지
산들 바람이 옷깃을 스쳐 지나간다

오래 전 이 길이
너무나도 외롭고 슬퍼서
가도 가도 끝없는 심해처럼
나는 무작정 걸어가고
어디로 가는지 어딜 가야 하는지도
모르는 채로 어린아이처럼 앞만 보고 갔다

다시 그 길을 걸어간다

하늘을 쳐다보고
나무를 바라보며
땅의 소리를 들으면서…
눈물 대신 웃음으로
내가 가을이 외로웠던 건 착각이었다고
고백하면서 집으로 가고 있다.

나를 기다리는 그 곳으로…

막연한 착각

서울의 새벽을 눈 안에 담고자
길을 뒤지다가 탐 앤 탐스에서
프로마쥬 블랑 하나와 로즈메리 한 잔

밖을 보니 우산 쓴 사람들

이 비는 누군가를 그리워하는
짝사랑을 위해 내리는 비가 아닐까?

비 오는 날을 좋아하는 사람은 좋겠다.

그대가 남기고 간 자리

저 앞을 지날 때면
내가 한눈에 반한 그대가 서 있던
그 시간으로 돌아가
우두커니 서서 그 자리를 바라본다

환하게 웃던 그 부드러운 미소에
내 마음은 눈 녹듯 녹아
어느새 장미향으로 가득 차 있었다

이젠 지나간 추억이지만
아직도 그대의 향기와 온기는
그 자리에 남아
내 마음을 흔들고 있다

그냥 그렇게 흘러가는 거다

그냥 그렇게 흘러가는 거다
미련도
욕심도
사랑도

바람이 어디서 불어 오느냐가
중요한 게 아니고
어디로 불어 가느냐가 중요한 거지
지나온 길은
열심히 달려온 흔적
이제 새로운 길을
열심히 달려가자

그대 떠나시고

단 한번이라도 제 꿈에 나타나 주신다면 이 슬픔이 더 슬프지 않을 텐데. 밤이슬처럼 언제나 젖어있는 내 얼굴 사랑하는 아버지!

어머니를 지켜 주소서!

그녀가 행복한 미소를 지으며 눈 뜨고 잠들기를
나의 아버지여!

연약한 들꽃 같으나 절대 바람에 쓰러지지 않는 그녀에게 더 큰 삶의 생명을 주소서!

그녀가 숨 쉬는 그 공기가 세상 모든 것의 달콤함이 깃들기를, 그녀의 아름다운 눈에 내 슬픔은 가려지고 환희에 가득한 붉은 하늘만 볼 수 있기를 매 순간 기도드립니다.

사랑은 마음이다

생각이 너무 많아
잠 못 이루는 밤
그 중심인 너는
나를 대신하여
편안하게 자고 있기를
기도드린다
혹여나 깰까봐
시계의 째깍 소리도
어둠이 잠재우고
밤의 꽃인 나방의
날갯짓 소리조차도
들리지 않는다
너무나 사랑하기에
그리움에 사무치면서도
네가 건강하길
하는 일마다 잘 되길
기도드린다
그게 내 마음이다

사랑했었다

떠나가는 것들에
슬퍼하지도 아파하지도 말자

지금도 앞으로도
눈물이 마를 일이 없겠지

그래도
웃자. 마음은 아파할지라도

잘해줘서 고맙고
사랑했었다

사랑은 마음이야

여자가 진심으로 사랑할 때
남자는 당연하다며 방치하고
여자가 사랑에 맘 아파 울 때
남자는 즐거운 맘으로 지내고
그리 지켜줄 것처럼 하더니
이리 놓아달라고 하는 건 뭐니?
사랑 가지고 장난치는 건
남자든 여자든
가장 비열한 거야
그니까 힘들어 하지 마

이렇게 눈물 나는 날에는

이렇게 눈물 나는 날에는
이유도 없이 눈물만 나는 날에는
그대와의 약속 없는 만남이 있으면 합니다

잊었는가 싶어도 다가오는
가슴속 희미한 슬픔들에 나를 다칠 때
언제나 그대로의 모습으로
작은 어깨 꼭 감싸 안으며
슬픔까지 가슴에 안아 줄 수 있는
오직 그대와의 만남을 기다립니다

나의 가슴속 가득한 내 사랑이여
저 너머 희미한 창을 열면
바로 거기 계시나요

사랑은 슬프다

그대가 보고 싶고 그리워
속은 타 들어가고
사랑하는 마음에 전화를 했다가
통화 중이라는 말에 얼른 버튼을 누른다
잠을 잘 때도
잠이 들었을 때도
이렇게 깨어 있을 때도
그대 얼굴이 아른거린다
뫼비우스의 띠처럼
뱅뱅 돌기만 하는 거역할 수 없는
사랑의 고리에 지치지도 않는지
계속 너를 찾아 헤맨다
이러면서 당신을 사랑하는 나는 뭘까?

사무친다는 말

사무친다는 말
남의 말인 줄 알았는데
내가 그 말을 하리라고는 생각도 못했어요
그대의 목소리가
그대의 얼굴이
그대의 손길이 그리운 건
내 마음에 그대가 들어왔다는 거겠지요
떠나갈까 두렵거나 불안해하지 않고
지금의 나와 그대만 생각하려 해
만일 떠난다면
다시 와 달라 애원하지 않고 조용히 보내주려 해요
지금 이 순간은 나만 바라보고 나만 사랑해 줘요
내가 그대만 생각하고 사랑하듯이…

찻집

저기 홀로 서 있는 그대
새까만 연탄이 다 타고 남은 재가 되듯
지칠 때로 지쳐
잠시 숨 돌리며
쉬어갈 곳 찾는 이방인
나는 찻집 주인 되어
언제든 와서 쉬어가라고
365일 비가 오나 눈이 오나
따뜻한 국화차로 그대 맞이하네
그리고 사랑이란 이름하에
내 작은 가슴으로
그대 안고 잠이 드네

엘리베이터

문이 열리는 순간

당신이 서 있었으면

닫힌 문 너머에

내 사랑 전할 수 있다면

술 한 잔

한 잔에
기울고
또 한 잔에
기울고
또 한 잔에
기운다
끝도 없이

오늘은 그냥 마시련다
이유도 묻지 마요
왜냐고 묻지 마요
그냥 마실 거니까

마음이 아프다

가만히 되돌아보니
내 기억 속 어느 하나
그대의 것이 아닌 것이 없네
혼자되는 밤이면 아픔으로 다가오는
그리움이란 상사병
아무리 기억 속을 헤집어 보아도
내가 가진 이 모든 것 하나에서 열까지
그대의 것이 아닌 것이 없네
그리고 마음속으로의 독백
보고 싶은데
못 보니까
병이 날 것 같아
목소리 듣고 싶은데
참아야 하니까
병이 날 것 같아

미련

있을 때는 따뜻했는데
없으니까 추워

길목마다 네가 보여
자꾸 되돌아보게 돼

그래서 추운가 봐
네가 없어서

문자라도 보내고 싶은데
보고서도 답신 안 할까 봐

전화라도 하고 싶은데
내 번호 보고 안 받을까 봐

바보같이 숨어버리고
나무처럼 그 자리에 선 나

꽃이 피고 지듯
사랑도 결국 떠나나 봐

기다릴 수 있다는 것은

보고 싶은데
너무
멀다

기다린다는 건
당신을 사랑하는
나의 마음과 비례한다

이젠 아무도 기억나지 않는다

이젠 아무도 기억나지 않는다
어제 누구를 사랑했고
그저께 누구를 좋아했고
그끄저께 누구를 알게 되었는지
기억이 나지 않는다
다만 내 눈에 눈물이
하염없이 흐르고 있고
마음이 헤어 나올 수 없을 만큼
슬픔의 모래 늪으로 빠져들어
목이 메여온다

나는 너에게

어제
오늘
그리고
나

너에게 어떤
의미일까?

가슴

아무리 가슴을 쳐 보아도
속이 갑갑한 건 나아지지 않고
화가 치밀어 올라
얼씨구 지화자 하며
춤을 춰 보아도
슬픔만 밀려올 뿐
조금도 변하는 것은 없었다

눈물

기다림이라는 건 너무도 가혹한 거 같아요. 사랑을 건낸 건 당신인데, 먼저 소리 없이 떠난 것도 당신인데, 돌아오지 않을 것을 알면서도 마냥 기다리는 동안 책상 위에 놓인 전화기는 독 사과를 먹고 자는 백설 공주처럼 눈을 감고 소리 없이 눈물만 흘리고 있어요.

쉽게 잊혀질 정도로 가벼운 사랑을 당신은 하신 건가요? 길을 걷는 곳곳에 당신의 체취가 너무도 보고 싶어 바다를 바라보며 한 손에는 전화기를 꼭 잡고 같이 웁니다. 당신이 너무 보고 싶어요. 미칠 것 같아요. 난 아직도 잊지 못하는데 당신은 너무 하신 거 아니에요?

제발 절 혼자 버려두지 말아요.
이젠 목소리도 나오지 않아요.
당신을 너무 그리워하다가
눈물 속에 목소리가 죽어버렸어요.

인정

회색빛 아스팔트 위로
비가 내리고
메마른 가로수 잎사귀는
목마른 사막의 방랑자처럼
한 방울이라도 놓치지 않으려
다 흡수한다

사람들은 비를 피하려
빠른 걸음으로 걸어가거나
준비된 자는 우산을 펴고
우산은 있으나 비를 맞으며
봄비를 즐기는 나 같은 사람도 있으리라

젖는 게 두렵다면 피하는 수밖에 없지만
피하지 않고 비를 그대로 인정하고
맞아주면 피할 이유도 없고
내가 가야 할 길을 힘차게
걸어가면 된다

내 사랑은 있는 그대로 받아들이고
품에 안아 함께 가고 있다

귀가

강 건너 다리 위
반딧불이 하나 둘
깨어나 불 밝히고

집으로 돌아가는 철새들
어머니 기다리실까
바삐 날갯짓하는데

점점 짙어가는 하늘
강바람에 흔드는
나뭇잎들의 자장가

창문에 비친 너를
향해 바라보는
그윽한 눈빛은

말 없는 고백의
세레나데를 부르는
첫 사랑의 두근거림

다시 돌아온 그곳은 어른이 되어 있었습니다

땅꼬마 같던 플라타너스는
키다리 아저씨 그림자처럼
자라 하늘같이 느껴집니다

힘들 때면 앉아 울던 벤치는
손녀 만난 할머니처럼 바다를 보며
흐뭇하게 웃고 있습니다

가녀리게 흔들리던 청 단풍
무성한 가지에 비바람도
피해 갈 수 있을 것 같아요

젊은 20대에 내려와
힘들다 울며 보낸 30대
그리고 살아 보겠다 떠난 40대

변한 건 겉모습뿐
모두 그 자리에
내 마음도 함께였습니다

잘 살아라 이놈아

지난밤의 눈물은
베개에 스며들어
자국만 남았다

화창한 날씨 속에
그늘진 내 마음은
가슴에 묻었다

열렬했던 사랑도
저 푸른 바다에
던져 버렸다

살아갈 날의 무게

수많은 별들이
두 눈에 담기조차
버거운 밤중의 밤

바람보다 더 가벼운
존재임을 나는
하늘을 보고야 알았다

저 모래알만큼이나
작지만 살아갈 날의
발걸음은 결코 가볍지 않다

이십 년이 지나도

하늘을 바라보는 나는 무슨 마음일까? 마냥 어린아이처럼 붉게 점점 물들어가면서 산등성이에서 점점 작아져만 가는 태양이 자꾸만 그리워져서 내 마음은 슬프고 슬퍼 눈물이 흘러. 닦아내고 닦아 낼수록 더 많이 내 눈은 앞을 볼 수가 없어. 내 맘 알아 달라는 것도 아니고 나만 봐달라는 것도 아니고 날 사랑해달라는 것도 아니야.

옆에 있고 싶은데 너무나도 멀리 있어서 달려가지도 날아가지도 그리워하지 못하고 자꾸만 잊혀 가는 네 모습에 나중에는 기억조차 하지 못 할까 봐 매일 너의 대한 기억을 입으로 눈으로 가슴으로 외우고 있는데 정말 바보인가 봐. 네가 한 말이, 너랑 함께 했던 그곳이 기억이 안 나. 다만 내 마음이 널 기억하고 있어.

이렇게 뜨거워
아직도 널 사랑한다고 말이야.

석양을 그리며

지는 해를 보노라면
그대가 생각납니다
바다 위의 붉은 길
님 계시는 그 곳
날개가 있다면
저 끝까지 가고 싶습니다
시간이 많이 흘러가도
절 잊지 말아 주세요

세상이 비로 물들 때
나는 너의 그리움으로 물든다

너에게로 가는 길이 깊은 늪에 빠진 듯 두 다리는 마음처럼 빨리 가지 못하고 무언가에 잡힌 듯 힘겹게 한 걸음 한 걸음 움직인다.

보고 싶다고 울부짖는 너의 목소리가 메아리 되어 내 가슴팍을 헤집고 들어오면 목구멍은 경직된 듯 쪼그라들고 굳게 닫힌 입술은 어느새 이빨에 눌려 선홍색 피가 맺히어 가고 싶어도 가지 못함에 흘러내리는 눈물은 내 뺨을 지나 옷깃까지 타고 내리는데 비에 젖었는지 눈물에 젖었는지 구별이 되지 않는다.

그리고 들을 수 있을 거라는 희망 속에 사랑한다고, 너만을 사랑한다고, 기다려 달라고, 저 하늘을 향해 소리친다.

어제의 허물을 벗고

바다 위로 떠오르는
일출을 보며 떠나보내는
매일의 무게

밤새우며 밀려오는
파도처럼 지키고 또 지킨
사랑의 기억

오늘은
새벽을 가로지르는 새처럼
신나게 날아보련다

바다에 끌려 다니는
낚싯줄의 추를 끊고
더 큰 곳을 향해

아버지

못 본다는 것이 이리 아플 줄은 몰랐다
치료받고 오는 길에
아버지가 잘 가시던 국숫집이 보인다
퇴근길에 시장하시어
엄마 거랑 내 거랑 주문하고 기다리는 동안
국수를 드시다 주문한 국수가 나왔단 말에
국수가 불을 까봐 한 수저 들던 국수 그릇 놔두고
집으로 오신 아버지
아버지의 그 모습이 영화의 한 장면처럼 보인다
너무나 보고 싶고
사랑해요
아버지
눈물이 자꾸만 흘러 엄마가 보시면 더 속상하실까 봐
벤치에 앉아 하늘을 보는데 오늘따라 참 멀게 보인다

아마데우스를 그리며

가슴이 벅차오르도록 밀려오는 저 하늘을 보라
활활 타오르는 불사조가
커다란 날갯짓을 하며 지나간 저 길을 따라
내 영혼도 같이 긴 팔에 붉은 날개를 달고
훨훨 날아오르고 싶구나
무반주에 흥겹게 춤추는 아이처럼
힘차게 도약하며 즐거움 가득 품고
세상의 끝을 찾아
내 존재의 의미를 스스로 각인시키며
저물어가는 산 너머로 같이 사라져간다

미안하다는 말 못해서 미안해요

떠나지 말라고 하기엔
너무 늦었죠

아빠. 왜 진작 미안하다는
말을 못 했을까요?

사랑한다는 말은 했는데

향기

아무것도 아니었습니다. 정말 아무것도 아니었습니다. 우정도 아니고 사랑도 아니고 그냥 아무것도 아니었습니다. 나의 영혼이 지쳐 있을 때, 악마의 유혹처럼 내 마음을 흔들었고 내 육신을 꼭 안아주었고, 외로운 내 손을 잡아주면서 이끌어주었고, 내 눈에 사랑을 심어주었습니다.

이젠 소리 없이 떠나간 당신을 이젠 또 기다려야 합니다. 당신이 너무나 그리워 하이얀 도화지에 그려보려 해도 연필은 점하나 찍고 서 있습니다. 당신이 너무나 보고파 흘러내리는 눈물에 비추어 보려 해도 내 뺨만 스치고 내려옵니다.

당신을 너무나 사랑해 내 가슴을 두드려 봐도 깊은 바다 속에 잠들어버려 파도만 칩니다. 더 이상 당신을 기다리지도 그리워하지도 사랑하지도 않으려 합니다. 나를 기억만 해 주신다면 그것만으로 만족합니다. 바람에 날리는 먼지처럼 기억조차 안 난다면 너무 슬플 테니까요.

황태

바다 냄새 가득
노랗게 말린 황태
먹기 좋게 잘라
물에 살짝 불리면
하늘하늘 춤추는
보드라운 살들

단풍 물들 듯
양념장 곱게 발라
들기름에 굽는 내내
산내음 바다내음
배 속은 폭풍우 치고
재촉하는 손길

젓가락 낚시질로
붉은 살결 한 점
밥 위에 올려놓으니
하이얀 눈 위에
붉은 장미꽃 피어
가슴 설레네

후회

스쳐 지나간 당신이
그리울 줄이야
내 가슴에 스며들어
온통 그대 생각뿐
그게 사랑이란 걸
이제 알았습니다
바보 같지만
저를 받아 주시렵니까

흔적들

커피가 나오기 전에 잠시 자리 비운 친구
빈자리에는 손 때 묻은 작은 가방이 있었다
오랫동안 함께 했는지 실밥이 버드나무 잎사귀가 되어
자태를 뽐내고 있는 걸 보니
난 마음이 아팠다.
얼마나 바빴으면
얼마나 손에 친숙했으면
얼마나 많은 시간을 함께 했으면
저리 아름다운 모습으로 변했을까?
돌아오기 전에
내 예술적 감각이 떨어지지만
살짝 다듬어 주었다

목소리

세상에서 가장 아름다운 것은 사람이고
세상에서 가장 좋은 악기는 목소리이며
세상에서 가장 예쁜 것은 마음이 아닐까?
나 아닌 다른 이를 보며 감동하고 배우며
어린아이의 미소만 보아도 그 아름다운에 감화되어
착하게 살아야지 하는 마음이 생기고
나와 이야기 나누는 이의 밝음 음성에
덩달아 행복해지는 것도
누군가의 노래에 오직 그 목소리만 들려
마음이 편안해지는 것은 우리의 목소리만큼
감정에 충실한 악기도 없기 때문은 아닐까?
생각해보면
모든 것이 마음에서 나오는 것이고
세상을 변화시키고 그 안에서 동화되어 가는 것이
하이얀 도화지에
그대 예쁜 마음이 내 마음을 물들이는 것이리라
라흐마니노프 보칼리제를 들으며
미사여구가 아닌
오직 아, 에, 이, 오, 우로
내 가슴을 적시는 이 순간의 느낌을 써 봅니다

사색

나무들 사이로
아침이라는 문턱 너머
명지바람 불어와

이어폰에서 들려오는 음률을 느끼며
오랜만에 하늘을 보니
구름 한 점 없지만

풍성한 벚꽃 이파리들의 갈매 빛 손짓이
허우룩한 내 마음에
잔잔한 미소의 파도를 친다

조금씩 멀어져 간다

벚꽃이 만개할 때 비가 오면
여름이 왔고
단풍이 물들 때 비가 오면
겨울이 왔다
비가 오면 고운 님 가시고
새로운 님 오시는 걸까?
곱게 쌓인 낙엽 위로
내 마음 전하지도 못했는데
떠나가는 가을은 빗물 사이로
조금씩 멀어져 간다

새벽을 걸으며

나는 걷는다
오늘도 걷는다
무엇이 그리도 급하다고 빨리 걸어갔을까?
어차피 제자리걸음인 것을
숨 가쁘게 달려 왔는데
뒤돌아보니 달라진 건 없었다
단지 놓친 게 많았을 뿐이다
이제 조금씩 받아들이려고 한다
내 안의 모든 것과 내 밖의 모든 것을
그리고 조금씩 미련을 버리는 법도
놔주는 법도 배우려고 한다
내가 놓치는 것이 없기를 바라며
오늘은 처음으로 천천히 걸어가 본다

진해의 겨울은 붉은 정열로 시작한다

진해의 겨울은 붉은 정열로 시작한다.

따스한 봄에는 벚꽃이 피어 가슴 설레게 추위에 벌벌 떨던 기억조차 잊게 해주어 살랑살랑 치맛자락 흩날리게 해주고, 뜨거운 여름에는 초록의 물결로 덥고 짜증 날 때 그리운 시원한 맥주 한 잔처럼 뼈 속까지 갈증을 해소해 주는 그늘을 주고, 풍성한 가을에는 오색으로 세상의 아름다움의 끝은 절대 없다고 부르짖으며 산천을 물들이다가, 겨울이 칼바람 되어 불어올 때면 가을의 끝자락이 아쉬운 듯 가지 말라며 벚꽃나무는 붉은 저녁놀같이 물들어 흘러내리는 시냇물까지도 붉게 물들여버린다.

시작하는 겨울은 메마르고 헐벗음 속에 하얀 눈으로 감싸 안으며 절대 차가운 냉혈인이 아니라 말하고 싶었지만, 붉은 정열의 몸부림에는 발조차 들이지 못하였다. 지금의 진해는 흑백의 앙상한 가지처럼 움츠린 민심을 가슴 아파하는 듯 당신 옆에는 내가 지켜주겠노라며 말없이 붉게 세상을 물들이고 있다.

나의 사랑 기다려 줄 거지

사랑해
하늘과 땅만큼
떨어져 있지만

보고 싶어
숨 내쉬는 모든 순간
널 향한 내 마음

잘 지내야 해
함께할 그날까지
열심히 달려갈게

기다려 줘
가끔 내가 쓰러져도
꼭 일어날게

넌 나의 전부이니까

시작을 해볼까?

내가 바라볼 수 있는 자리에
말없이 앉아 있는
너는 누구니?
언제나 예쁘다는 표정으로 나를 바라보며
미소를 머금고는
검은 바다처럼 깊은 눈빛으로 내 영혼을 빨아들이는
너는 누구니?
내 옆에 있지도 않는데
왜 이리 가슴이 콩닥거리는 건지
입술은 타 들어가고
눈동자는 너를 제대로 바라보지도 못해
언제부터 그 자리에 있었던 거야
옷도 화장도 구두조차도
너의 눈길 때문에 아무렇게 입고 나가지도 못하고
매일 밤 다음 날 마주칠 너를 생각하며
자게 되었어
너는 누구니?

당신을 찾는다

그대와 만나기로 한 그곳에서
먼저 나와 기다리며
시간의 긴 터널에서
모든 촉각을 세워
다가오고 지나가는 발자국 속에
당신을 찾는다

기다림 속에서 먼발치의 모든 사람이
당신이었다가 당신이 아닌 순간
두근거림에서 아쉬움으로
실망 속에서 다시 희망으로
기다림에서 또 기다림으로
당신을 찾는다

나는 그대에게 달려가고 있다
경주마가 앞만 보고 결승점까지 달리듯
오는 그 순간을 위해
내 사랑의 절정이
바로 우리가 마주한 때임을 알기에
당신을 찾는다

아름다운 세상 만들기 모임

덤마트 윤시현 대표님, 경일대학교산업융합기술학부 이명철 교수님, 드보랭 엄진희 부사장님, 예쁜 이슬☆이건희님, 농부 이백운님, 우성윤님, ok114 최인준 대표님, SM메디텍 이영우 대표님, 찰스 금창권님, 디엔에이에너텍 강권영 이사님, 정유성건설 윤철상님, 한국인성상담교육원 문희강 대표님, 주영교정센터 엄문성 원장님, 총괄보험법인 이석범 지점장님 고맙습니다.

그리고 김민경님, 예쁜 신수진님, 정수한님, 고경란님, 이유진님, 한지웅님, 김덕주님, 검은산객님, 오월엔라벤더 김영주♡정훈님, 별사랑내꿈님, JIN S LIM님, 시인 박이갑님, 주동식님, 오경미님, 스완발레아카데미 김정아 원장님, 현플라워 정미진 대표님, 박은희님, 이춘기님, 김군호님, 최연지☆최지성님 고맙습니다.

진정한 소통이 무엇인지 나눔이 무엇인지를 몸소 실천해 주신 분들 덕분에 시집이 세상으로 나오게 되었습니다. 책의 판매 금 중 인세는 학생 가장 자선 모금으로 전달됩니다. 작은 불씨가 큰 불이 되듯 춥지만 따뜻한 세상을 만들고자 합니다. 마지막으로 도움 주신 오늘의문학사 이미란 국장님 고맙습니다.

바람이 속삭인다. 너를 사랑한다고

연지성 시집

발 행 일 | 2017년 12월 25일
지 은 이 | 연지성
발 행 인 | 李憲錫
발 행 처 | 오늘의문학사
출판등록 | 제55호(1993년 6월 23일)
주 소 | 대전광역시 동구 대전로 867번길 52(한밭오피스텔 401호)
전화번호 | (042)624-2980
팩시밀리 | (042)628-2983
전자우편 | hs2980@hanmail.net
카 페 | cafe.daum.net/gljang(문학사랑 글짱들)
cafe.daum.net/art-i-ma(아트매거진)

공 급 처 | 한국출판협동조합
주문전화 | (070)7119-1752
팩시밀리 | (031)944-8234~6

ISBN 978-89-5669-878-6
값 12,000원